Dear Anne Frank

Dear Anne Frank

P O E M S

Marjorie Agosín

Translated by Richard Schaaf,
with Additional Poems Translated by Cola Franzen
and Mónica Bruno

Brandeis University Press

Published by University Press of New England

Hanover and London

To the memory of my grandfather Joseph Halpern,
to my daughter Sonia and my son Joseph,
and to those who open their doors
to all the Anne Franks.

Brandeis University Press
Published by University Press of New England
This collection and "Ana Frank o el Paisaje Trastocado"
© 1998 by the Trustees of Brandeis University

The original paperback edition of *Dear Anne Frank*, which did not include "Ana Frank o el Paisaje Trastocado" and the final four poems in the book, was published by Azul Editions in 1994. Copyright © 1994 Marjorie Agosín. Bilingual edition copyright © 1994 Azul Editions. Translation copyright © 1994 Richard Schaaf.

"Echúchame Ana Frank" / "Listen to Me Anne Frank" originally appeared in *Witches and Other Things* published by Latin American Literary Review Press in 1984. The English translation is by Cola Franzen.

"Las Mujeres de los Campos" / "Women of the Fields" and "Ana Frank" / "Anne Frank" originally appeared in *Council of the Fairies* published by Azul Editions in 1997. The English translations are by Mónica Bruno.

"Amsterdam" originally appeared in *Toward the Splendid City* published by Bilingual Review Press in 1994. The English translation is by Richard Schaaf.

Printed in the United States of America
5   4   3   2   1
CIP data appear at the end of the book

Growing up beside the voices of my great-grandmothers, who had escaped Vienna and Odessa, I learned early on to value remembrance. My great-grandmother Helena, marked by the specters of war, would often recall the moment she escaped her house in Vienna, under the heavy cloak of night, frightened and crippled, and how suddenly there appeared a reddish star that showered radiance upon her, and right then she knew that she could begin to envision a better destiny.

Many years later, when I left my native Chile because of the fascist military dictatorship, I carried with me in a small plastic bag a clump of earth, and in that earth I planted a gardenia so I would remember its fragrance forever.

Memory has an indelible way of selecting from the past what is timeless and sacred. My own childhood memories are filled with certain fragrances, silences, particular thresholds opening and closing. In my house in Santiago were certain photographs that kept me good company, that watched over me like a constant presence. There were photographs of my great-grandfather Isidoro, whom we named the chocolate-covered soldier because he was so beautiful and exquisite; also a photograph of my aunt Emma, who sang arias and spoke French; and a small photograph of Anne Frank, which my grandfather José had given me in the summer of 1970.

We children of the house would look at those photographs and be filled with a sense of awe and mystery. My great-grandmother Elena would kiss them every night before going to bed, especially her chocolate-covered soldier, to whom she was married during the many agonizing days of war, and her sister Emma, whom she sought out for sound advice and old recipes. Every night she would take leave of them, reassured; the next day she would repeat this same eccentric, sacred ritual. I now realize that with those photographs my great-grandmother was reviving the memory of her loved ones, offering them a final resting place, a place in which to be remembered, a visible epitaph.

My grandmother Helena had understood the importance of preserving memories as one's most precious possession. Living in a predominantly Catholic country, she carried on the Jewish tradition of lighting the Sabbath candles, guarding a profound peace in which to remember her dead. Also, in those rare private moments when she thought she wouldn't be disturbed, she would devote herself to building little altars with the meager objects she had brought with her from Europe's war-torn cities.

Anne Frank's presence in that little photograph was always at my side during my childhood nightmares. I knew that Anne had written a diary and that she had perished in the concentration camps only months before the arrival of the Allied forces. There was something in her face, in her aspect, and in her age that reminded me of myself. I imagined her playing with my sisters and reading fragments of her diary to us. Curiously, Anne Frank's face became an unusual presence in my life, not so much because this Jew had become a historic and religious symbol, but because she had a name, had a face, because hers was not just one more anonymous story among the countless stories of the Holocaust. Anne invites us to think of her simply as a girl in adolescence, a girl filled with the desire to love and to rage. In her diary, she talks about her relations with her parents, her sister, and all the others forced to live in that secret annex. Elsewhere in her diary she mentions what she desires most after liberation, how she longs to eat pastry and live in a house that is roomy, clean, and bright. These are Anne's desires, the marks of an ordinary everyday life.

That photograph of Anne Frank continues to illumine every corner of the globe in sharp contrast with those perfectly preserved images of the "Final Solution," where the human body takes on the horrific physiognomy of the unspeakable. Sometimes I would ask myself how she might have looked with her head shaven, and then I would recall her eyes and her gaze that seemed to look out from the very depths of things. Anne Frank has left us a human face, a human body, and it is precisely that humanness that the families of the victims try to preserve, be it with photographic altars or by means of remembrance that speak the soul's language, that see from within, that question and exclaim.

I began my dialogue with Anne Frank from a simultaneous desire to remember and to forget. I wanted to know more about that curious girl's face, which for so long had occupied a place on the wall of my room. I invoked her presence from a deep desire to forget her as a martyr and, instead, to present her with all the tribulations of a thirteen-year-old girl. I wanted to ask her: Why did you believe that men were truly good? Why did you have so much faith in the power of writing? How did you love so much in the darkness of that secret annex? How did you remain so high-spirited and full of joy?

I wanted to speak with Anne Frank from an almost obsessive desire to revive her memory and make her return and enter our daily lives. I needed to ask: What would I have done if Anne Frank had come to our door and asked us to hide her, asked us to lodge and feed her for one night or ten years?

Ultimately, all the writings about the Holocaust, and in particular a book entitled *Rescuers*,* urge us to rethink the moral character of those citizens who refused to conspire with fascism and become accomplices to relentless and merciless brutality. What would a Christian mother in Amsterdam have done if Anne Frank had begged her for a piece of bread? Would she have closed the door on her to maintain the perfect order of her family and home?

While civil disobedience, saying *no* to the authoritarian forces of the Nazis, no doubt played an integral part in saving the lives of the persecuted, still the timeless and unanswerable question remains: Why did so many people submit and obey?

Anne Frank's diary makes us reevaluate the relationship among the everyday present, the past, and the concept of nationhood. The Netherlands was one country that openly declared its solidarity with its Jewish citizens, but even so, a great number were murdered, in part because the flat openness and easy accessibility of the landscape did not permit safely hiding them.

Must nations possess a confounding, unrestrained geography in order to save human life? What must the moral fabric of nations be like if they are to avoid holocausts and genocide? What is it that causes people to refuse to obey the forces of demagoguery? The diary makes us think concretely about our relationship with national identity and landscape. Nearly all of Europe obeyed the German call, with only a small minority of European countries hiding and protecting Jews, thus giving rein to the systematic extermination of six million Jews.

*Gay Block and Malka Drucker, *Rescuers: Portraits of Moral Courage in the Holocaust* (New York: Holmes & Meier, 1992).

Anne Frank was banished and condemned by a collective amnesia of silence and terror. During the transfer of victims to death camps, people stood by silently and watched, distant and removed onlookers, as if the gasping bodies of the victims marked off zones of the unspeakable and unimaginable. Anne Frank's diary confronts us with history's transformations and postulates the human tragedy of nationalism and the contemptible legacy of racism that today remain powerful weapons used to divide people and lead them down hatred's path.

My dialogue with Anne Frank also raises questions that have to do with the dictatorships of Latin America's extremist right, and particularly that of my native country, Chile. Like the victims of Nazi genocide, the victims of the crimes against humanity committed by Latin America's dictatorships in the 1970s did not have places of remembrance where they could be buried, and their families still do not know where to go to visit them, to remember them, and to offer them life's gifts. The victims of the Holocaust perished in the blue-gas chambers, exterminated, deformed beyond recognition. The victims of military dictatorships just disappeared like transfigured, nocturnal ghosts. We are left asking: How can we remember a people who are without graves? This is the same question put forth by the Mothers of the Disappeared. Where does one go to place flowers over their faces, over bodies eternally asleep somewhere in the air? What is the cathartic ceremony by which to remember them?

In countries like Israel citizens preserve their memory of the dead by planting trees, organically linking remembrance with the sun, water, and earth, the sources of all life. A forest in Israel is dedicated to the life and memory of Anne Frank. On the Avenue of the Righteous in Yad Vadshem, the most moving of the memorials to the Holocaust, brightly illuminated faces appear amidst intermittent rows of trees, endowing those specters of death with veracity and the breath of life.

Today in Latin America there are as yet no living memorials or monuments dedicated to a whole lost generation, to the thirty thousand disappeared in Argentina alone, and to the ninety thousand murdered throughout the rest of Latin America. Nevertheless, the living do remember them. The Mothers of the Disappeared continue to march, with their hands raised high, in Argentina, in Chile, in Guatemala, in El Salvador.

Anne Frank's diary was first published in 1952. In the history books about World War II and the Holocaust, it is shocking that the statements attracting the most attention were made by "onlookers" or "passers-by," silent accomplices who assure us that it was possible in the streets of cities—where during the night screams and fists pounding on doors and walls were heard—to not know that the concentration camps existed, far removed from the world's view. Today, those screams are still heard in the cities of Latin America and in what was once the Republic of Yugoslavia.

For many years Anne Frank's diary stayed on my night table. Often I dreamed of her and wanted to comfort her, to promise her that Europe, after the ashen deluge, would be a beautiful, clean, and clear place. In 1973, when Chile's military junta smashed down the doors of our neighborhood to arrest women—yanking them off by their hair, which would later be shaved off—when they "disappeared" them on dense, foggy nights, I thought about Anne Frank. When the military junta in Argentina tortured Jews under portraits of Hitler, I thought about Anne Frank.

But we must not hold Anne Frank up as a saintly or mythical figure, not even as a heroic figure for having been the victim of Nazi genocide. We must look to Anne Frank for her religious and political tolerance, as well as her unshakable ability to feel amazement and outrage in the face of beauty and horror. Even as she tells us how women and children were mercilessly carried off before the indifferent eyes of passersby, she also tells us that she still believes in the nobility of the human spirit and the dignity of man.

Anne Frank is not an icon in any official Jewish history; she was a young girl who was not able to live out the fullness of adolescence, whose chance for happiness was cruelly snatched away, who was denied the right to exist. Her diary, beyond being a personal memoir, is the public and collective account of a history that made itself heard. Her diary compels us to face up to the past, to our own history in the making, and to the future of history.

Monuments and memorials can only attempt to rescue from oblivion the memory of the dead, of invisible women and men, by offering them an honored place in history. But a diary that can be read aloud, as a personal testimony and oral history, allows us to feel the power of giving human voice to the process of memorializing history. Anne Frank's diary makes us think about the way in which we have managed to remember the past and how we respond to that past in our future actions. Even after so many years and so much travel over endless crossroads, I still keep very close to me that little photograph of Anne Frank passed on to me by my grandfather, a Viennese Jew living in Santiago de Chile, which I will one day pass on to my children.

Wellesley, Massachusetts   Marjorie Agosín

Durante los aletargados y oscuros años de toda infancia, ciertas fragancias, umbrales y puertas con vaivenes sútiles, ocupan el espacio de la memoria intermitente y selectiva. El recuerdo tiene forma de acercarse a esa zona sagrada que configura la memoria escogida. Mi bisabuela Helena, tatuada por las secuelas de la guerra, sólo recordaba que al momento de escapar de su casa en Viena, en la gravedad de la noche, asustada y lisiada, apareció una estrella casi rojiza que la cubrió de resplandor y ella pensó que desde entonces podría comenzar a imaginar una mejor suerte.

Junto a la voz de mis bisabuelas, que escaparon de Viena y Odessa, supe apreciar la sutileza de la memoria, como también elucidar en torno a ciertos silencios, especialmente al nombrar a los difuntos que perecieron a través de las ciudades calcinadas de Europa. Cuando dejé mi país por la dictadura militar, me llevé en una bolsita plástica un puñado de tierra, y en ella, planté una gardenia para siempre recordar su fragancia.

En mi casa habían ciertas fotografías que me acompañaban, que me vigilaban como una presencia constante. En Santiago, las fotos eran la de mi bisabuelo Isidoro, al que le decían el soldado de chocolate porque era bello y exquisito; la de mi tía Emma, que cantaba óperas y hablaba francés, y una pequeñita fotografía de Ana Frank que me regaló mi abuelo José en el verano de 1970.

Nosotros, los niños de la casa, nos acercábamos a esas fotografías con incertidumbre. Mi bisabuela Helena las besaba todas las noches, especialmente al soldado de chocolate que fue su marido durante los días insondables de las pérfidas guerras; a su hermana Emma, le pedía consejos y recetas, despidiéndose de ellos con certeza, porque al día siguiente repetiría ese mismo excéntrico y sagrado ritual. En retrospectiva, mi Omama Helena, recordaba a sus muertos. Por medio de las fotos, les lograba dar una sepultura, un lugar para recordar, un epitafio visible.

Las víctimas del genocidio nazi, como también del genocidio provocado por las dictaduras latinoamericanas en la década de los años setenta, no tuvieron sitios donde morir y aún no se sabe dónde sus familiares los pueden visitar para recordarlos y brindarles los obsequios de la vida. Las víctimas del Holocausto perecieron en las cámaras de gas azul, calcinados, desfigurados de toda posibilidad del recuerdo. Las víctimas de las dictaduras, desaparecieron como transfigurados fantasmas nocturnos.

En países como Israel, se les inculca a los ciudadanos, por medio de la plantación de los árboles, una forma de preservar la memoria ligada a la tierra que es fuente de vida. Existe allí un bosque dedicado a la presencia de Ana Frank. En la Avenida de los Justos, en el memorial más impactante en torno al Holocausto, Yad Vashem, aparecen como figuras luminosas, líneas intermitentes de árboles, dándole a los espectros de la muerte, la veracidad y el aliento de la vida.

Mi abuela Helena sabía desde siempre la importancia de guardar la memoria como el más preciado objeto y de hacer urdimbres en torno a ella. En un país netamente católico, ella continuó con la tradición de encender las velas en viernes y el sábado, guardar un profundo descanso para poder recordarlos. También, cuando creía que nadie la sorprendería, se dedicaba a la construcción de altares con los escasos objetos traídos de las ciudades de la guerra.

La presencia de ese pequeña fotografía de Ana Frank,

me acompañó durante los turbulentos sueños de mi infancia. Sabía que Ana había escrito un diario y que había perecido en los campos de concentración días antes de la llegada de las fuerzas aliadas. Algo en su rostro, en su edad y en su porte me hizo recordar al mío. La imaginaba jugando con mis hermanas y leyéndonos fragmentos de su diario. Curiosamente el rostro de Ana Frank cobró una presencia inusitada en mi vida y no tanto porque esta figura históricamente judía podría ser un símbolo religioso, sino que, porque tenía nombre, porque tenía rostro, porque no era una cifra más en las interminables historias del Holocausto. A veces me preguntaba como se veía con su cabello rapado y entonces recordaba su mirada, su visión que parecía provenir desde el fondo mismo de las cosas.

Ana Frank despierta la posibilidad de invocar a una persona con una memoria viva e incita a pensarla como una adolescente, con los deseos del amor y la ira. Su presencia y su foto amplificada por todos los rincones de la tierra, me ayudan a pensar en ella en oposición a las figuras almacenadas del nazismo, donde el cuerpo humano cobra la pérfida fisionomía de lo indecible.

Ana Frank, más que sus escrituras, nos dejó un rostro y un cuerpo. Es precisamente este cuerpo que los familiares de las víctimas tratan de preservar, ya sea por medio de altares fotográficos o por medio de la memoria que habla con el lenguaje del alma, que mira desde adentro, que se pregunta y que exclama.

Comienzo mi diálogo en torno a la figura de Ana Frank debido a la simultaneidad de la memoria y del olvido. Quiero saber más acerca de ese rostro de una niña curiosa que durante tanto tiempo ocupó las paredes de mi cuarto y se desplazaba como un ráfaga luminosa y a la vez distante en torno a mi pensamiento. Invoco su presencia por el profundo anhelo de olvidarla como mártir y de presentarla con todas las tribulaciones de los trece años cumplidos. Quiero preguntarle ¿por qué creía que los hombres eran realmente buenos? ¿Por qué tenía una fe en el poder de la escritura? ¿Por qué se enamoraba en la oscuridad de un pérfido anexo?

Hablo sobre Ana Frank por un deseo casi obsesivo de restaurar su memoria y hacerla regresar, más que nada, a la cotidianidad de nuestra vida. Deseo preguntarnos lo siguiente: ¿Qué habríamos hecho si Ana Frank hubiese llegado a nuestra puerta, nos hubiese pedido que la escondiésemos, o que la alojásemos por una noche o por diez años?

Últimamente, la escritura en torno al Holocausto y sobre todo el texto llamado *Rescuers** nos invita a analizar nuevamente el carácter moral de la aquellos habitantes que se negaron con indiferencia a conspirar con el fascismo. ¿Qué hubiera hecho una madre cristiana en Amsterdam si Ana Frank le hubiese pedido un pedacito de pan? ¿Le habría cerrado la puerta para asegurar el perfecto orden de su familia?

La figura de Ana Frank también nos hace pensar en el hecho de que la desobediencia civil, el decir no a las fuerzas autoritarias de los nazis, hubiera sido una parte integral para salvar las vidas de los perseguidos. La pregunta milenaria e imposible de responder es ¿por qué tanta gente obedeció?

Ana Frank no sólo simboliza la relación personal de cada uno de nosotros con el recuerdo, pero también, nos incita a re-evaluar la relación entre nuestra cotidianidad, nuestro pasado y el concepto de nación. Debemos notar que los Países Bajos fue el lugar que se solidarizó más con los judíos de su país. Pero aún así,

*Gay Block and Malka Drucker, *Rescuers: Portraits of Moral Courage in the Holocaust* (New York: Holmes & Meier, 1992).

Holanda fue el país donde murieron muchos judíos porque el paisaje y las extensiones de la patria eran demasiado amplias y poco generosas para esconderlos.

¿Será necesario tener una geografía desbordante y enloquecida para poder salvar a las personas? ¿Cómo deben ser los países para evitar holocaustos y genocidios? ¿A qué se debe el no obedecer? ¿Los países, deben tener bosques o profundidad moral? La figura de Ana Frank, nos hace pensar concretamente en torno a nuestra relación con la identidad nacional y el paisaje. Casi toda Europa, obedeció al llamado germánico; tan sólo una exigua minoría en diversos territorios de Europa escondió a judíos, pero el exterminio de los seis millones de judíos se hizo en forma sistemática y así el asesinato de los judíos europeos entró en la memoria alemana como algo más figurativo que literal. Esto nos hace pensar que durante el traslado de las víctimas a los campos, las personas se dedicaban a mirar como observadores distantes y ajenos; como si los cuerpos jadeantes tan solo marcasen las zonas de lo indecible y de lo ajeno. Por eso la figura de Ana Frank se nos hace cade vez más verosímil, nos incita a meditar, a preguntar, a comentar que sería imposible no verla o ver a las muchas Anas transitar desnudas por los bosques alucinados de Europa.

Este diálogo con Ana Frank, más que recordar a una figura histórica, presenta las siguientes interrogantes que tienen fuertes conexiones con las dictaduras de extrema derecha de Latinoamérica y en especial de mi país de origen, Chile. Me planteo lo siguiente ¿como recordar a un pueblo sin tumba? Esta es la misma interrogante planteada por las madres de los desaparecidos. ¿Dónde poner flores a esos rostros, a esos cuerpos adormecidos en el aire? ¿Cuál sería la ceremonia catártica para recordarlos? En el caso de Israel, se han creado memoriales que se asemejan al palpitar mismo de la vida, de los árboles, para proteger y no sangrar. En América Latina, hasta ahora no existen memoriales ni monumentos a una generación de desencanto, de treinta mil desaparecidos en la Argentina o noventa mil en el resto de Latinoamérica. Sin embargo, los vivos los recuerdan. Las madres marchan con las manos en alto, porque tienen las manos limpias, porque no han torturado.

Al pensar en cómo recordar a los muertos, ya sea aquellos que dejaron de existir por los avatares necesarios de la vida humana, o aquellas víctimas invisibles de la historia siniestra, el problema reside en imaginar ciertos memoriales o monumentos—cementerios del recuerdo. En la cultura mexicana, a los muertos, se les recuerda por medio de ofrendas y comidas favoritas, los cementerios, además de ser lugares sagrados, son sitiales hermosos y resplandecientes, con la fragancia de las flores presentes.

El lugar de la memoria lo ocupa la misma memoria del difunto con sus objetos y olores favoritos. En la cultura judía, el concepto del infierno no existe, haciendo que el significado de la vida sea cada vez más inmediato y que, tan sólo a través de las memorias y de las buenas acciones, viva la presencia del ser desaparecido. Regresemos a preguntarnos ¿dónde está el cuerpo de Ana Frank, o las demás mujeres desnudas, rapadas como muñecas enfermizas? ¿Dónde ha quedado el epitafio de Ana Frank para celebrarla y conversar con ella? Paradójicamente, Ana Frank es la figura más viva y recordada de la historia occidental, porque su escritura creó un espacio para recapacitar sobre las huellas de su memoria, como también para elucidar el funcionamiento sistemático de la crueldad humana. Sin embargo, el rostro y la memoria de Ana Frank no se deshumanizan; ella continúa rescatando el recuerdo histórico por medio de la palabra y retrata en su diario, todos aquellos personajes que vivieron en el anexo. En algunas páginas del diario, menciona sus deseos después de la liberación, como por ejemplo, el de comer pasteles o tener una casa más limpia e iluminada. Esos son los deseos de Ana, las huellas de una cotidianidad ordinaria y posible.

El diario de Ana Frank fue publicado por primera vez en los años cincuenta. En los libros de historia sobre la Segunda Guerra Mundial y el Holocausto; sorprende que los comentarios que más llaman la atención son los de "observadores" o "transeúntes", de aquellos cómplices que aseguran que era posible no saber que en las calles y en las ciudades, existían los campos, separados y ajenos a la mirada del mundo, donde se oían en la noche ruidos y personas que tocaban estruendosamente a las puertas. Esos ruidos aún se oyen en las ciudades de Latinoamérica y la que fuese un día la República de Yugoslavia.

El diario de Ana Frank, más que recordar a una niña que pudo haber vivido, que pudo haber sido una novia feliz, nos permite la posibilidad del habla que fue vedada y condenada a una amnesia colectiva de silencio y pavor. El diario de Ana Frank, nos enfrenta directamente con los avatares de la historia, postula la tragedia del nacionalismo y el miserable patrimonio del racismo que aún permanece como arma poderosa para dividir y persuadir en los senderos de la ira.

Durante muchos años, el diario de Ana Frank permaneció en mi velador. La soñé tantas veces y quise cobijarla, prometerle que Europa, después de las lluvias, sería hermosa y diáfana. Cuando la junta militar chilena, en el año 1973, llegó a golpear a las puertas de nuestro barrio para arrestar a las mujeres, arrastrarlas del cabello para luego raparlas; cuando las hicieron desaparecer en la noche llena de nieblas, también pensé en Ana. Cuando la junta en Argentina solía torturar a los judíos junto a los retratos de Hitler, pensé en Ana Frank.

El legado de Ana Frank, más que una presencia, es una memoria viva que deja huellas, que palpita, que nos hace enfrentarnos todos los días con nuestra historia. No debemos inscribir el nombre de Ana Frank como figura santificada ni mítica, ni tampoco heroica por haber sido la víctima del genocidio nazi. Debemos invocar a Ana Frank por su tolerancia religiosa y política como por su contante posibilidad de asombrarse ante la belleza y el horror. En su diario, nos relata como sin piedad se llevan a mujeres y a niños bajo la indiferencia de los temerosos transeúntes pero también nos cuenta que aún cree en los ideales y la dignidad del hombre.

Si el rostro de Ana Frank le dio al Holocausto un nombre, su epitafio aún no escrito, su diario nos hace pensar sobre el futuro de la historia. Ana Frank no es un icono de ninguna historia oficial judía, es una niña que no pudo vivir, a la cual se le arrebató cruelmente la posibilidad de la felicidad y el gozo, que se le negó el derecho a la vida. Más que la memoria en sí, Ana nos hace pensar en las consecuencias de ella. La lectura de su diario, no es sólo la expresión privada entre el interlocutor y su figura, sino que, la experiencia pública y colectiva de una historia que se deja oír.

Los monumentos que intentan rescatar la memoria resultan ser invisibles ocupando los sitiales de la historia de los muertos, pero un diario que tiene la posibilidad de ser leído en voz alta, nos hace palpar la escritura y las fuerzas del decir como patrimonio vivo del proceso de recordar los hechos. El diario de Ana Frank nos hace pensar en la forma en que hemos logrado recordar un pasado y también como respondemos ante él en nuestras acciones en el futuro. Aún después de tantos años y a través de un sin fin de travesías guardo muy cerca de mí, la imagen del rostro de Ana Frank y esa fotografía que me obsequió mi abuelo, un judío vienés en Santiago de Chile.

Wellesley, Massachusetts   Marjorie Agosín

Dear Anne Frank

Querida Ana,

Tu fotografía silenciosa y difusa con sus trece años de sombra y esposas cejas alucinadas. ¿Siempre eras tan frágil y muda Ana Frank? Te miro pero ya no eres un rostro tras los espejos fallidos. Ana, pequeña Ana, frágil como la memoria asesina, ¿eres tú en esa foto? ¿Eres tú en aquel diario de vida, con dientes de princesita? Yo misma estoy convencida que eres o tal vez no eres, ya me pareces la sombra de la fantasía que te nombra. Ana Frank, acércate, dime, ¿vivías en Amsterdam?

Dear Anne,

Your silent photograph disperses your thirteen shrouded years, your thick, bewitching eyebrows. Were you always so fragile and mute, Anne Frank? I look at you but you are no longer a face behind the bankrupt mirrors. Anne, tiny Anne, as fragile as a murderous memory, is it you in that photo? Is it you in that diary, with your teeth of a little princess? I am convinced it is you. And yet, perhaps, it is not you, for you seem the mere shadow of a fantasy that names you. Anne Frank, come close, tell me, did you really live in Amsterdam?

¿Quién no ha tenido
un diario de vida
para amparar el cristal sajado
del sueño?
¿Quién no ha escrito
para iluminar las sombras
de las fosas abiertas?
¿Quién no ha contado del primer asombro
ante una carta perfumada?
¿Quién no ha pensado
en llamar
a ese diario
Ana
y frente al escondite pausado
de la memoria,
invocarla,
llamarla tras las
hogueras?

Who has not kept
a diary
to safekeep the piercing glass
of dreams?
Who has not written
to illuminate the shadows
of open graves?
Who has not spoken of the wondrous ecstasy
at receiving their first perfume scented letter?
Who has not thought
about naming
that diary
Anne,
and pausing before memory's
hiding place,
invoking her,
calling to her behind
the bonfires?

¿Ha visto a Ana Frank
correr trasmutada en las orillas de todas
las huerfanías?
¿La han visto para abrirle un trocito de puerta?
¿Prestarle una manta?
¿Guardar sus secretos?
¿Cobijarla?
¿Alguien de ustedes has visto a Ana Frank
con su vestido manchado de sangre?

Have you seen Anne Frank
running transfigured on the sheer edge of
orphanhood?
Did you crack your door for her?
Offer her a blanket?
Receive her secrets?
Shelter her?
Have any of you seen Anne Frank
in her bloodstained dress?

Llegó Ana Frank
famélica a tu casa
de piedras,
quiso acercarse
a tu mesa,
beber el té de los difuntos,
quiso conocer tus
hijos,
pero no le
abriste la
puerta.
Huiste
de una niña judía,
guardaste un silencio de amenazas,
un silencio de miedos
cuando se la
llevaron en los
trenes de la segura muerte.

Anne Frank turned up
worn to the bones at your house
made of stone,
she wanted to sit
at your table,
to drink tea with the departed,
or, perhaps, to meet your
children, but
you didn't
open
your door.
You fled
from a Jewish girl,
safeguarding a menacing silence,
a silence filled with fears,
when they took her
away
on the railroads of certain death.

Ana Frank, ¿cuándo la luz de Amsterdam era leve como las caricas,
pensabas en el amor?
¿o en las viudas?
¿o en los rostros del miedo
haciendo agujeros tras las sábanas huidizas?
¿En qué pensabas Ana Frank, cuando el silencio era tan precario,
cuando tu aliento era un surco invisible entre las nieblas?

Anne Frank, when the light in Amsterdam was gentle as embraces,
would your thoughts turn to love?
Or to the widows?
Or to the faces of fear
making holes under the tremulous sheets?
What were you thinking, Anne Frank, when the silence was so

                                        precarious,
when your breath was an invisible furrow through the mist?

Ana Frank, el cielo de Amsterdam era una sola hoguera de escombros. ¿Recuerdas Ana el extraviado ritmo del aire? ¿Los presagios de la guerra untaban tu cabellera alucinada? ¿Cómo dormías Ana Frank en las noches mancas de aviones desquiciados? ¿Te escondías tras las cobijas amarillentas y trasnochadas o ibas a pedir alivio en el cuerpo anclado de tu padre? ¿Cómo era el cielo de Amsterdam en aquellos perversos días de la guerra?

Anne Frank, the sky over Amsterdam was one blaze of burning rubble. Remember, Anne, how the air lost its rhythm? How the portents of war anointed your crazed hair? How did you sleep, Anne Frank, during those nights riddled by airplanes delivering dread? Did you hide under the yellowed blankets? Or did you scamper off seeking relief from your father's anchored body? What was the sky over Amsterdam like during those perverse days of war?

Ana Frank:
háblame de aquella espesa y alada casa,
¿donde te escondías en la zona más
transparente del aire?
¿en qué lugar jugabas con la transparencia?
¿Dónde dormías Ana Frank?
¿En qué oscuridad
malsana
respirabas en voz baja y cubierta
para que nadie te encuentre
asustadiza, divagadora,
mirando el cielo?

Anne Frank:
speak to me about that ivy-covered and winged house
where you hid yourself up where the air
is most transparent.
In what spot did you play with the transparency?
Where did you sleep, Anne Frank?
In what sinister
darkness
did you hunker down, breathing ever so softly
so no one would discover you
frightened, babbling to yourself,
gazing up at the sky?

Comenzaron a prohibirte las bicicletas,
a no salir pasadas las ocho,
a sólo comprar en ciertos almacenes
para judíos,
a sólo transitar por ciertas avenidas
a llevar una estrella dorada entre los brazos abiertos,
floridos.
Tus calles se poblaron de sedientos y
miedosos.
Tus pies dejaron de transitar por el aliento
del pasto
y sin embargo,
te gustaba la vida,
las mariposas,
las madrugadas de los que viajan
sin dirección precisa
con la estrella de David iluminándolos.

It began with the banning of your bicycles,
banning you from going out after eight at night,
restricting you to only buying goods in certain shops
for Jews,
to only walking down certain avenues
with a gold star between your open, blossoming
arms.
Your streets were filled with the thirsty and
fear-stricken.
Your feet quit crossing through windswept
pastures,
and yet
you loved life,
the butterflies,
dawns filled with all those wandering
in no particular direction,
the Star of David illuminating them.

No te gustaba la casa porque era muda, manca.
No te gustaba ese silencio precavido.
No te gustaba ser una niña judía en Amsterdam.
Entonces,
encendías una luz,
combatías la oscuridad,
la risa solapada
y en las paredes carcomidas . . .
el rostro de tus artistas amadas.

You didn't like the house because it was mute, maimed.
You didn't like that wary silence.
You didn't like being a Jewish girl in Amsterdam.
Then,
you burned a light,
fought against the darkness,
the sly, sinister smile,
and on the crumbling walls . . .
the faces of your beloved movie stars.

Llueve en Europa, Ana Frank.
Tu mirada de noche oscura
se acerca ojerosa tras el umbral
de los milenarios encierros.
Llueve, Ana Frank
y no puedes chapotear sobre los charcos
de la Amsterdam náufraga y delirante.
No puedes besar a nadie
bajo la lluvia y sus peligrosos pasos.
no puedes decirle a nadie
que una niña de trece años
debería
hacer obsequios de agua en la lluvia,
llenarse del agua santa,
pero tú, Ana Frank
viste llover desde la jaula.

It is raining in Europe, Anne Frank.
Behind the threshold of timeless
walls dark rings have formed
under your night-filled gaze.
It is pouring rain, Anne Frank,
and you can't splash around in the puddles
of shipwrecked and delirious Amsterdam.
You can't kiss a single soul
out in the rain or in its dangerous passageways.
You can't tell a soul
that a thirteen-year-old girl
ought to be out
making gifts of water in the rain,
getting her fill of blessed water.
You, Anne Frank,
could only watch it raining from your cage.

¿Hubiera sido posible acercarse a recoger judíos,
a las escuálidas gitanas?
¿Era posible decirles en el oído calcinado
que aún en la desdoblada Amsterdam,
alguien los amaba,
los escondía de la muerte tibia?
¿No era posible recoger a los inválidos
que esperaban los trenes de la desgracia?
¿Era posible acercarse con la voz
a los niños judíos desvalidos?
¿Era posible ser humano?
Aunque sí era posible
acusar;
denunciar;
prohibir;
espantar a los inválidos;
destruirles las tiendas,
quebrarlos con los cristales del humo empañado.
Era posible
obligarles a desnudarse
con el vaticinio de una estrella tatuada
entre los brazos.

Would it have been possible to take in the Jews,
the squalid gypsies?
Was it possible to whisper in their blackened ears
that even in Amsterdam torn asunder
someone loved them,
would rescue them from the chill of death?
Wasn't it possible to take in all the sick
who were waiting for misfortune's trains?
Was it possible to approach with an open heart
the destitute Jewish children?
Was it possible to be human?
Though, yes, it was possible
to accuse,
to denounce,
to banish,
to terrorize the sick, the crippled,
to destroy shops,
smashing windows, fire-bombing.
It was possible
to force them to undress,
with the prophecy of a Star tattooed
on their breasts.

Ana Frank, ¿llevabas el paiseje de la patria por dentro
o era un fuego encendido para espantar a los muertos?
¿Cómo era tu país, Ana?
Mientras quemaban las cabelleras del amor,
mientras escondida y ebria temblabas,
buscando el presagio de alguna estrella,
Ana, ¿cómo era el corazón de Amsterdam
o la Europa taciturna y civilizada?
¿Llevabas en ti los trigales de maíz?
¿la espesura del agua?
¿y los ojos de los enterrados?

Anne Frank, did you bring in with you the homeland's landscape
or was there a fire raging to frighten away the dead?
How was your country, Anne?
While they were burning love's hair,
while you trembled, huddled, intoxicated,
seeking some star's prophecy, Anne,
how was Amsterdam's heart?
Or taciturn and civilized Europe?
Did you bring in with you the cornfields?
The water's heaviness?
The eyes of those buried in the earth?

Ana Frank
cuéntame,
¿cómo te gustaba arreglarte el cabello?
¿Te lo sujetabas con las cintas azules
del amor?
¿Te lo dividías como un gran monte en dos sitiales imprecisos
o te gustabas que acariciara el lóbulo del sonido mediano
o el cuello que germina con la raíz del corazón?
Ana Frank,
¿te gustaba el pelo suelto alcanzando por el viento
del Sur?
¿las estrellas ocultas de la noche?
Cuéntame Ana Frank,
¿por qué y cuándo te raparon?

Anne Frank,
tell me:
how did you like to wear your hair?
Did you keep it in place with blue ribbons
of love?
Did you part it like a great hill into two shadowy seats of honor
or did you like it to fall over, caressing half your earlobe,
or down your neck where grows the root of your heart?
Anne Frank,
did you like your hair flowing loose, reaching into the wind
from the South?
Or up to the hidden stars of the night?
Tell me, Anne Frank,
why and when did they shave your head?

I

Ana Frank, diminuta, recostada sobre la memoria,
tan pequeña, Ana Frank,
abriendo una minúscula ventana,
imaginando jinetes victoriosos, clarísimos, clarividentes.

II

Nieva en Amsterdam, Ana Frank.
La finura de esa extraña blancura es también tu rostro,
tu mirada es de la loca,
curiosa y encerrada,
de pronto, un pájaro rojo
que se enciende entre las ramas cansadas,
ves una luz como las hogueras
y no son tus hermanas muertas
es un pájaro rojo
como un cerezo florido.

I

Anne Frank, so fragile, leaning upon memory,
so small, Anne Frank,
opening a tiny window,
imagining victorious, shining, clairvoyant cavalrymen.

II

Snow is falling in Amsterdam, Anne Frank,
and that fine, lace-like whiteness also covers your face,
and your gaze is that of a crazed,
curious and confined girl.
Suddenly, a red bird
is aflame among the weary branches,
you see a light as from fiery blazes
and they aren't your dead sisters . . .
but is that red bird
red as a cherry tree in bloom.

Ana Frank, tras los muros y la pesadumbre de las tinieblas,
jugabas a la gallinita ciega
ebria, iluminada,
y tus manos palpaban el musgo, el aire
de la brisa imaginaria.
Jugabas a la gallinita ciega
a tientas
y a sabiendas que a tu alrededor,
estaban las madres buscando a sus hijos
en los trenes lejanos del miedo.

Anne Frank, behind the walls and grieving darkness,
you used to play blindman's buff
dizzy with joy, bright,
and your hands felt their way through moss,
through an imaginary breeze.
You used to play blindman's buff
groping your way,
knowing that all around you
there were mothers looking for their children
on those distant railroads of fear.

Ana Frank
no sólo fue el pulso,
el augurio,
la vida,
o las casas en el Sur del mundo.
No solo fue tu cabello anochecido
que te sajaron,
fueron las diminutas
instancias
Ana Frank.
No pudiste caminar
desnuda en los países de la lluvia;
no pudiste hablar del surco
del amor en tu vientre de comienzos;
no pudiste nombrarlo ni nombrarte
ni sufrir la primera ilusión
en tus piernas floridas.

Anne Frank
it wasn't only the heartbeat,
the prophecy,
life,
or the houses in the south of the world;
it wasn't only your night-filled hair
they stripped from you:
it was all the little
instances,
Anne Frank.
You couldn't walk
naked through rainy countries;
you couldn't speak of love
furrowing in your womb of beginnings;
you couldn't say his name or your name,
or suffer the first illusion
on your flowering legs.

¿En qué pensabas Ana Frank
cada vez que alguien tocaba a la puerta?
¿Te cubrías con chales de agua?
¿Amarrabas tu cabello anochecido por la ira?
¿Pensarías que los hombres eran aún buenos?

What went through your mind, Anne Frank,
every time someone knocked on the door?
Did you cover yourself with blankets of water?
Did you tie up your nightfallen hair out of rage?
Did you believe men were still good?

Y si eran ellos,
y si, en verdad,
vendrían por ti,
¿llevarías pantuflas,
o el diario bajo
tu brazo desgarbado?
¿Qué prendas llevarías
Anne, para la travesía
de los inocentes amordazados?
¿Con qué blusa te irías
a los cuartos azules?

And if it were them,
if, in fact,
they had come for you,
would you have grabbed your slippers
or the diary and put them
clumsily under your arm?
What belongings did you take,
Anne, for the journey
of the gagged and innocent?
What blouse were you wearing
when you went into those azure rooms?

Soñabas con tigres. Soñabas con la oscuridad misma de un tiempo anclado y toda la noche, eras un solo alarido en el silencio de la noche tan vasta e inquieta. Toda la noche soñabas, Ana Frank, con un bosque de tigres acechándote.

You dreamed of tigers. All night you dreamed of the darkness of an inescapable time. You were a solitary howling in the silence of the vast and restless night. You dreamed all night, Anne Frank, of a forest of tigers stalking you.

¿Quién te dijo, Ana, que los trenes eran rutas hacia los parajes centelleantes? ¿Quién te dijo, Ana, que en ese tren llegarías a la ciudad espléndida? ¿Sabías tú, Ana, del secreto caminar de aquellos fatídicos trenes del sueño en llamaradas? ¿De la presencia de un tren en los umbrales del humo?

Who told you, Anne, that the trains were headed to sparkling regions? Who told you, Anne, that on that train you would arrive at the splendid city? Did you know, Anne, about the secret movement of those ill-fated trains with the dream ablaze? About the presence of a train on the threshold of smoke?

Ya nadie verá tus vestidos
de organdí,
ni percal.
Tu madre, no soñará con verte
con trajes de tul
que flotan al compás de tus piernas danzadas,
ya nadie te comprará vestidos
bordados.
Ni arderán las palmas como palacios festejados
al verte pasar.
Estás vestida de muerta.
Tan desnuda tras las lluvias.

Now no one will see your organdy
or cotton
dresses.
Your mother will not dream of seeing you
in your fine lace dress
flowing gently to the measure of your dancing feet,
now no one will buy you embroidered
dresses.
Nor will palms burn with desire like festive palaces
when they see you pass by.
You are wearing death's clothes.
So naked under the rains.

Ana Frank no estrenó su vestido
de seda avellana;
no calzó los zapatos de
bosque malva;
no se cubrió de collares,
como pájaros vivos,
Ana Frank no salió a ninguna fiesta somnámbula
no encontró los amores en las avenidas,
no supo de regresos,
ni de nubes.
Ana Frank
no pudo ser feliz,
ni contemplar el bosque,
ni recoger
las palabras del olvido.

Anne Frank did not debut her new hazelnut
silk dress;
she did not try on her
mauve-forest shoes;
nor did she adorn necklaces
like birds preening themselves.
Anne Frank did not sleepwalk home from any parties,
or meet lovers on the avenues;
she knew nothing of returns,
of the clouds.
Anne Frank
was not able to be happy,
or to contemplate the forest,
or to gather
the words for forgetting.

Ana Frank, yo oí tu voz entre las puertas,
y era clara como el aire transparente.
Yo te oí, Ana a través de la luz.
Eras una sombra desgarbada entre los pinos.
Tenías fe, Ana, en las palabras, por eso me llamaste.
Acudí para encontrar tu nombre de cenizas,
pero no tenías tumba, Ana.
¿En qué alambrada te degollaron?
¿Quién guardó tus olores?
¿Tus libros de botánica?
Ana Frank, yo te vi como un relámpago entre la niebla.
Te llamé
tantas veces
para encontrar
la voz tuya,
deslenguada
en las tierras
áridas,
en el frío precario
de la muerte.

Anne Frank, I heard your voice between the doors,
and it was clear as the transparent air.
I heard you, Anne, through the light.
You were an ungainly shadow among the pines.
You had faith in words, Anne, and so you summoned me.
I responded by finding your name among the ashes,
but you had no grave, Anne.
On what barbed fence did they slit your throat?
Who kept your scents?
Your botany books?
Anne Frank, I saw you like a lightning flash among the clouds.
So many times
I called out to you
trying to find
your voice,
swearing
across arid
lands,
in the precarious cold
of death.

I

En los umbrales de la noche,
cuando la oscuridad no
es luminosa,
tú Ana Frank,
te acurrucabas con la muerte,
la dibujabas junto a tus brazos desgarrados
sentías su latir sin escrúpulos
junto a la redondez dorada de tu oído.

II

Ana Frank
a los trece años
cumplidos
sabías que ella te vigilaba,
estabas atenta,
a sus señales,
a esos golpes de las puertas ensombrecidas.

I

On the threshold of night,
when darkness is no
longer luminous,
you, Anne Frank,
curled up with death;
you envisioned it next to your mutilated arms,
felt its sinister heart beating
next to the golden roundness of your ear.

II

Anne Frank
when you were just
thirteen
you knew death was stalking you;
you were attentive
to its signs,
those fists banging on the shadowy doors.

Ana Frank
entre los sueños
veo tu rostro
envuelto en papel
y humos de encaje turbio.
Te veo opaca y muda.
Tan lejana
llamándome,
llenando mi cuerpo
de llagas
entre las
huellas de las
sombras.

Anne Frank
among dreams
I see your face
wrapped in paper,
in a vaporous cloud of dark lace.
I see you opaque and mute.
So far away
summoning me,
swelling my body
with wounds
as I follow your
steps forever through
the darkness.

Los señores de la Gestapo
escuchaban a Mozart,
leían libros embalsamados de tapas duras,
se regocijaban en el
sagrado orden de las
familias.
Después de las sagradas meriendas
descendían a las celdas efímeras
para comer tus orejas,
para cortar tus senos
delgados,
tus manos de princesa,
para robarte
tus trece años
cumplidos.

The gentlemen of the Gestapo
listened to Mozart,
read embalmed leatherbound books,
rejoiced in the
sacred order of
families.
After their holy afternoon tea
they descended to ephemeral prison cells
to bite into your ears,
cut off your delicate
breasts,
your hands of a little princess,
to strip you
of your thirteen lived
years.

¿Habías pensado alguna vez
que no tenías nada ver con los elegidos
que era dudosamente difícil
ser judía,
permanecer escondida,
silenciar los alimentos,
el rubor del amor,
el sexo,
la voz,
la mirada,
las palmas?
¿Quién hubiera dicho, Ana Frank,
que ser judía
se asemejaba a los tacones tenebrosos y
fugaces de la muerte?

Did you ever think
that you were not one of the chosen people,
that it was undoubtedly difficult
to be Jewish,
to remain hidden,
to keep silent about the food,
the blush of love,
sex,
your voice,
your gazes,
the palms of your hands?
Who would have thought, Anne Frank,
that being Jewish
was like being under death's sinister,
swift heels?

Ana Frank:
en la cripta de la mala memoria
tu estabas con la luz,
y espiabas los árboles en su insinuación de hojas,
querías que el tiempo feroz huyera de esa
oscuridad sin sueños.
Ana Frank,
yo te vi tocar
con tus labios los sonidos de la sombra.

Anne Frank:
in the crypt of nightmarish memories
you were of light,
and you spied the trees in their insinuation of leaves;
you wanted furious time to flee that
dreamless darkness.
Anne Frank,
I saw you touch
with your lips the sounds of shadows.

Anoche me despertaste
Ana Frank.
Estabas muda.
Caminábamos sobre el otoño enamorado
y el comienzo de las hojas.
Querías acercarte a
jugar con mis brazos color ocre,
color de hojas vivas,
pero estabas degollada
y ebria, te tambaleabas
porque tampoco tenías pies ni manos.
¿Ana, eras tú, tan diáfana entre los humos o
eras una voz inventada?
¿Qué eras Ana Frank,
después de esa muerte
en la lejanía de las praderas
mientras encendían las fogatas
mientras entibiaban las piedras
para quemarte?

Last night you woke me,
Anne Frank.
You were still.
We went walking over the autumn in love,
over the beginning of new leaves.
You wanted to play
with my arms the color of ochre,
the color of living leaves,
but you were decapitated,
drunk, and you were staggering
because you had neither feet nor hands.
Was it you, Anne, so diaphanous amidst the smoke or
were you just a conjured voice?
What became of you, Anne Frank,
after that death
so far away in meadows
while the ovens flared up
while the stones cooled down
to cremate you?

Toda la noche, la lluvia sobre tus pies amordazados Ana, toda la luminosa lluvia como una manta raída acercándose a los dedos de tu corazón. Todo el silencio de tantas noches dolidas. Más allá del encierro, los pasos Ana ¿los oyes? Son de forasteros y dueños de una ciudad que tú sólo imaginas, cubierta de mujeres, y vestidos rojizos que danzan y ruedan sobre los amores difuntos. En el corazón sangrante de la noche, tu oyes los pasos como latidos de navegantes sin edades, de fantasmas vestidos con azulinas prendas. Toda la noche, Ana, mientras llueve, tu cuentas los pasos y cubres tu rostro con los dedos del corazón.

All night the rain upon your gagged feet, Anne, all the luminous rain like a worn-out shawl wrapped around the fingers of your heart. All the silence of so many grief-stricken nights. Beyond the walls, Anne, do you hear footsteps? They are those of strangers and lords of a city that you alone imagine, full of women dressed in red and who dance and twirl over their dead loves. In the night's bleeding heart, you hear footsteps like the throbbing heartbeat of ageless sailors, of ghosts dressed in shades of blue. All night, Anne, while it rains, you count footsteps and cover your face with the fingers of your heart.

Ana Frank
querías pintar
estrellas,
los hongos, las calaveras,
mariposas, el ámbar,
canciones de la luz.
Ana Frank,
querías ser el verde
del bosque, el cloroformo
de los cuentos.
Ana Frank
no querías
mordazas,
tan solo pintar
estrellas.

Anne Frank
you wanted to paint
stars,
mushrooms, skulls,
butterflies, amber,
songs of light.
Anne Frank,
you wanted to be the green
of the forest, the chloroform
of wondrous stories.
Anne Frank
you did not want to
be gagged,
only to paint
stars.

¿Adónde voy a encontrarte
hoy, Ana Frank?
¿En qué campo sembrado
estará tu cuerpo de niña feliz y rota?
¿En qué Europa desclavada
te olvidaron,
dejándote tan sola
y en la intemperie
para que te coman,
para que te
degollen,
para que jamás seas una novia
enamorada?
¿Dónde estás Ana Frank?
¿Dónde podré conocerte otra vez
y acariciar tu pelo?

Where am I going to find you
today, Anne Frank?
In what sown field
lies your body of mutilated happiness?
In what Europe gone mad
did they abandon you,
leaving you alone
in the storm,
that they could bite into you,
could
decapitate you,
that you'd never live to be a bride
in love?
Where are you, Anne Frank?
Where can I know you once again
and caress your hair?

Ana Frank,
te gustaban las lavandas,
el comienzo del humedecido prado.
Te gustaban las nubes,
los territorios imaginarios de las buganvileas.
Te asomabas a tu cuerpo
curiosa, sedienta
amanecías contemplando tu desnudez
como si fueras a una fiesta de jardines imaginarios.
Eras hermosa, Ana,
perpetua,
sentías la felicidad
con sólo imaginar a los gorriones.
Eras feliz
al pensar en los lazos de lavanda
en tu cabello.
Eras feliz
pensando en posibles amores
o en el baile de una mujer
joven
frente a un solitario espejo desbandado.
Ana Frank,
¿cuántas primaveras y lilas,
cuántos sueños
calcinados?
Y yo, te busco entre los escombros
de una fiesta desgarbada.

Anne Frank,
you loved lavender,
the dawning of the dew on the meadows.
You loved the clouds,
the imaginary territories of bougainvilleas.
Then, suddenly, it was your body.
Curious, eager,
waking up contemplating your nakedness
as though you were a fiesta of imaginary gardens.
You were beautiful, Anne,
perennial,
and you felt happiness
just by imagining sparrows.
You felt happiness
thinking about lavender ribbons
in your hair.
You felt happiness
thinking about possible loves
or a young woman dancing
in front of a solitary mirror gone astray.
Anne Frank,
how many springs, how many lilacs,
how many darkened
dreams?
And I am left looking for you among the wreckage
of an unruly party.

Ana Frank, ¿nunca pensaste
qué serías
cuando grande,
ni soñaste con los altares
de novia?
¿Nunca dibujaste ventanas ni violetas?
¿Nunca dijiste que querías,
tal vez, ser maestra
o escritora?
Tan sólo preguntabas
si sería posible
vivir
un día más.

Anne Frank, did you ever wonder
what you'd be
when you are big?
Did you ever dream of the wedding
altar?
Ever envision rooms with windows or fields of violets?
Ever say to yourself that you wanted,
maybe, to be a teacher
or a writer?
All you asked was
if it were possible
to live
just one day more.

Ana Frank,
brillosa y pequeña,
desvalida y valiente,
caminando con tu estrella dorada,
con la tristeza de los que preguntan
¿Por qué tú Ana Frank,
tatuada con los pesares de la historia?
¿Por qué no llevabas un girasol
en tus brazos
en vez de una
estrella sajada?

Anne Frank,
aglow and small,
destitute and brave,
walking with your gold star,
with the sadness of those who ask:
Why were you, Anne Frank,
tattooed with history's awful afflictions?
Why weren't you carrying a sunflower
against your breast
instead of a
lacerating star?

Ana Frank aún
en la oscuridad precaria,
aún en el silencio del espanto
crecías.
Y eras bella en tu espesura verde.
Te gustaba imaginar aromas,
recetas de cocina,
el cacao para la buena fortuna,
el ajo para los espasmos,
las naranjas para untar tu cuerpo desvalido,
y pensar en la presencia del amor,
y soñar con la
miel de Dios.

Anne Frank, even
in the precarious darkness,
even in the harrowing silence,
you grew.
And you were beautiful in your evergreen lushness.
You liked to conjure up smells,
kitchen recipes,
cacao for good fortune,
garlic for spasms,
oranges for anointing your helpless body,
for reflecting on love's presence,
and dreaming of
God's honey.

Como iluminada, como dolida y exiliada de la luz, caminas, Ana Frank, tras las alambradas. Transitas en el follaje más oscuro de las maderas, en la anohecida travesía por un bosque de huesos y pájaros muertos. Ya nadie te reconoce Ana, ya nadie se acerca a recoger tus ojos abiertos, posándose en el negro terciopelo del tiempo.

As if illuminated, as if grief-stricken and exiled from the light, Anne Frank, you walk behind the barbed fences. At nightfall you cross where the wood's foliage is darkest on a journey through a forest of bones and dead birds. Now no one recognizes you, Anne, now no one approaches and receives your open eyes, resting on the black velvet of timelessness.

En aquel silencio de humos, envuelta tras la niebla dolida y rojiza, dicen que caminan los enterrados, los que perdieron el asombro al adentrarse en los bosques de alambre. Dicen que tú también, Ana, desnuda, te envuelves de miedo y fuego para recorrer los bosques y los ríos de Alemania dejando sobre la tierra tatuajes de niña muerta. Todo eso dicen, Ana, y nadie te ve. Y nadie te llama.

In that smoke-filled silence, shrouded behind the griev-
ing, glowing red mist, they say those in the earth go
walking, those who lost their sense of wonder upon en-
tering the forests of barbed wire. They say that you too,
Anne, naked, were shrouded in fear and fire, running
through Germany's forests, along her rivers, leaving on
the earth the tattoos of a Jewish girl, the murmur of a
dead girl's footsteps. They say all this, Anne, and no one
sees you. And no one calls out your name.

Tus pechos, dos láminas coloridas.
Que bella te sentías en esa desnudez,
tus piernas arqueadas escondían
el sexo
y los labios imprecisos del amor.

Your breasts, two color pictures.
How beautiful you felt in that nakedness,
your curved legs concealing
your sex,
love's mysterious lips.

Cuéntame Ana Frank,
dímelo,
grítamelo.
Habla Lázara:
¿Cómo fue aquel diminuto y preciso
instante?
¿Cómo y cuándo,
todos los trenes
adormecidos,
irradiando
el orden perfecto
sin rumores ni mensajes,
te llevaron
a esa solución final,
a esos sueños perversos de la noche
donde el lenguaje y el pulso de la luz desaparecen?

Talk to me, Anne Frank,
tell me,
shout it out.
Lazarus speaks:
what was that precise fleeting instant
like?
How and when did
all the middle-of-the-night
trains —
radiating
a perfect order
without so much as a rumor or message
left behind —
take you
to that final solution,
to those perverse dreams of the night
where language and the light's pulse disappear?

I

Ana Frank,
bajo el cielo
de Bergen Belsen,
bajo las estrellas calcinadas,
apareces tú,
rapada,
distante,
cercana,
y eres más
hermosa
sin pelo.

II

De tu cabeza,
despides un incandescente
olor a perfume,
para espantar los taconeos
de la muerte.
Eres hermosa Ana Frank,
te paseas erguida,
te cubres de pájaros y amapolas.

I

Anne Frank,
under the sky
of Bergen-Belsen,
under the ashen stars,
you appear:
head shaven,
distant,
near,
and you are more
beautiful
without hair.

II

And your head
gives off an incandescent
perfumed scent
to frighten away death's
clicking heels.
You are beautiful, Anne Frank,
you go for a walk, proud and erect,
covering yourself with the birds and poppies.

Ana Frank,
cobíjame esta noche en los sueños de la mala muerte.
Cúbreme con tu mirada de niña muerta y buena.
Dime
lo que se dejó de decir
cuéntame del silencio en las noches,
de los cuerpos como celdas ancladas.
¿Había, Ana, luz tras aquel alambre?
¿Había sabor en las comidas
anochecidas?
¿Fuiste feliz, Ana, por un segundo?
¿Quién acarició tu mano en aquel último sueño,
del buen regreso?

Anne Frank,
cover me tonight in death's nightmarish dreams.
Cover me with your gaze of a dead, innocent girl.
Tell me
what you left unsaid,
talk to me about the silence of those nights,
about the bodies anchored in prison cells.
Was there, Anne, light behind that barbed fence?
Did the food taste of anything
under night's black folds?
Were you happy, Anne, for even one second?
Who held and squeezed your hand in that last dream
of the longed-for return?

I

Y cuando regresaron
después de las noches arqueadas de la guerra,
después de los famélicos insomnios,
no pudieron encontrar las tiendas del sol y el vino,
no pudieron encontrar los umbrales abiertos
de las casas,
no encontraron a los familiares heridos
en el Sábado de los muertos.

II

Cuando regresaron,
sin ruidos,
sin pesos,
sin taconeos,
como fantasmas transeúntes de escenas saqueadas,
sólo encontraron una ausencia
de cuchillos sonámbulos,
de gendarmes ociosos,
burócratas
en escritorios ensangrentados de maderas ensangrentada.

III

Cuando regresaron,
no encontraron los nombres
de los muertos.

I

And when they returned
after the long arching nights of war,
after the starving sleepless nights,
they couldn't find any stores with sunlight and wine,
they couldn't find any homes with their
thresholds open,
they couldn't find their wounded relatives
on the Sabbath.

II

When they returned,
soundlessly,
weightlessly,
without the sound of clicking heels,
like ghosts passing through scenes of carnage,
they found only an absence:
inervated knives,
idle gendarmes,
bureaucrats
in bloodstained offices behind bloodstained wooden desks.

III

When they returned,
they didn't find the names
of the dead.

Tras las alambradas, la luz hace la ilusión de una memoria.
Más allá de las púas, la inmensidad del aire,
lo que se asoma para florecer.
Se asoma una colección de mariposas,
un enjambre de nubes,
tras el muro, el abismo,
la pequeña gran felicidad.

Behind the wire fences, the light conjures an illusory memory.
Beyond the barbed wire, the air's immensity,
a vastness where all flowers may blossom.
An amassing of butterflies,
a swarm of clouds,
appears behind the wall, the abyss,
a small great happiness.

Ana Frank,
¿dónde estás?
Contéstame, cántame, cuéntame.
¿En qué lugar sagrado
puedo acercarme a tus piernas?
¿En qué lugar invocar tu nombre
y llenar la tierra
de flores?
Ana Frank,
aunque se sabe que la
vida no es siempreviva,
todos te buscamos
como si estuvieras viva,
como si aún navegaras, vestida de fiesta,
naufragando por los
canales de Amsterdam
y una bicicleta iluminada
te esperará en los muelles azules.

Anne Frank,
where are you?
Answer me, sing to me, talk to me.
In what blessed place
can I be near your legs?
In what place can I invoke your name
and cover the earth
with flowers?
Anne Frank,
though life for each of us
is not an everlasting flower,
we all are looking for you
as though you were still alive,
still sailing along, in your party dress,
putting into shore through
Amsterdam's canals
and your sparkling bicycle
were still waiting for you on the blue piers.

I

Todo el fuego
desembocando,
enloquecido,
dejando la huella vacía,
lenta,
apagándose
en el cielo incomprensible.

II

Todos los cuerpos
del humo,

III

En la historia del humo
en el litigio
del humo,
todas las hogueras,
el cansancio del
más grande,
de aquel espantosamente
inexplicable
silencio.

I

All the flames
rushing in,
madly,
leaving the trail empty,
slowly
being exhausted
in the incomprehensible sky.

II

All the bodies
of smoke,

III

In the history of smoke,
in the litigation
of smoke,
all the bonfires—
the immense weariness of
the greatest—
of that horrible
inexplicable
silence.

Mientras leo el poema,
las tumbas se llenan de luciérnagas
y pájaros cautivos.
Un niño gime en los fabulados brazos
de una madre delirante
porque tiene hambre,
porque tiene
frío,
porque su pobreza no tiene nada que ver con las
ondulaciones del poema.

Mientras leo el poema,
los hombres de la guerra
sacan sus Biblias,
abren las fatídicas
señales de la ira
y el aire de la tristeza
deja huellas en las acequias rojas.

Mientras leo un poema,
hay alguien que ama a otro.
En la desnudez más simple del aire,
recitan versos y se besan,
la poesía es un cuerpo amado
lleno del aliento agrio y dulce del amor.

Mientras leo un poema
torturan a un hombre
a una mujer.

While I read a poem,
the tombs fill with bats
and captive birds.
A girl moans in the fabled arms
of a delirious mother,
because she is hungry,
she is
cold,
because her poverty has nothing to do with
the poem's undulating rhythms.

While I read a poem,
men at war
take out their Bibles,
unleashing wrath's
ominous signs,
and the sad, somber air
leaves red trails in the streams.

While I read a poem,
there is someone who loves another.
In the most natural nakedness of the air,
they recite verses and kiss each other:
poetry is a lover's body
full of the bittersweet breath of love.

While I read a poem
they torture a man
a woman.

I

Bastaba con conciliar un secreto,
acercarse al oído del tenebroso miedo
y decir,
aquí yo te amo,
te protejo con las palmas de mis pies,
con mi silencio amigo,
con mis manos y mis surcos de espigas.

II

Bastaba con esconder a alquien
por unas horas,
por unas días,
por las travesías de la guerra.
Era tan simple ser heroico;
era tan dulcemente posible ser bueno,
pero nadie vino
a tu encuentro,
Ana.
Nadie quiso alcanzarte esa mano.
Nadie quiso
guardar secretos.

I

It was enough to receive the secret,
to approach you through the darkness of fear
and whisper:
here I love you,
I will protect you with the soles of my feet,
with my friend's silence,
with my hands and my fertile furrows.

II

It was enough to hide someone
for a few hours,
for a few days,
for the journeys of war.
It was so simple to be heroic,
so humanly possible to be good,
but no one came
to meet you,
Anne.
No one wanted to extend that hand.
No one wanted
to safekeep secrets.

I

En la anochecida noche
entre los ruidos del acecho,
en la oscuridad oscura como los cabellos de la guerra,
te oigo, me llamas, nos llamanos, Ana Frank.
Entre las tinieblas,
se abren los umbrales
para dejarte pasar Ana, famélica, trastornada,
como el demonio.

II

Me acaricias.
Me dices que viste a las mujeres desfilar desnudas, ceremoniosas
en campos de amapolas;
que viste a tu padre hacer señas tras los alambres más allá del
humo.
Me preguntas:
que dónde dejé mis ropas de gasa roja,
que si también tengo un diario de vida que mostrarte.

III

No hay nadie en esta casa Ana,
ni siquiera los guardianes de los sueños.
Sólo tú y yo acechándonos, desconociéndonos,
con la mirada equivocada de la historia
y tiñes de sangre el cuarto y las ventanas
en la perversa penumbra como
el lienzo de sangre.

I

Under the fall of night
amidst noises watching, stalking,
in the darkness as dark as heads of war,
I hear you calling me, Anne Frank, I hear us calling
each other. Among the shadows,
thresholds open
letting you come in, Anne, emaciated, transformed
like a demon.

II

You embrace me.
You tell me how you saw women marching naked, ceremonious
through fields of poppies;
how you saw your father making signs behind the wire beyond
the smoke.
Then you ask me:
where did I leave my red chiffon dresses,
and if I too keep a diary that I can show you.

III

There is no one here in this house, Anne,
not even the guardians of dreams.
Only you and I watching each other, without recognizing
each other,
with history's equivocal gaze,
and you tinge with blood the room and windows,
this perverse dusk,
this bloody canvas.

I

Ana Frank
¿tan lindo era tu pelo, como el azul de las
cascadas?
Movedizo y vacilante
te lo cepillabas enamorada
de tu nuca como gruta.

II

Cuando te raparon,
¿nadie te dijo
que tenías lindo pelo?
¿Nadie guardó tus trenzas
de ámbar?

I

Anne Frank
was your hair as beautiful as azure
waterfalls?
Loose flowing and fanciful,
you brushed it lovingly over
your neck as over a grotto.

II

When they shaved your head,
did anyone tell you
you had beautiful hair?
Did anyone safekeep your amber
braids?

Ana, llevabas una garganta de humos
y entre la oscuridad del cielo fermentado,
solías ver las chimeneas y
lejanas.
Ana, llevabas una garganta de humos
de girasol sangrando entre los sueños.

Anne, your throat was filling with smoke
and in the darkness of the fermented sky
you could see the chimneys
so far away.
Anne, your throat was filling with smoke
and a sunflower was bleeding in your dreams.

Escúchame Ana Frank

a John

Oyéme Ana Frank
¿en verdad creías que todos los hombres eran buenos?
mientras muy a lo cerca
quemaban los bosques
que se entrecortaban en tus ojos de pozo blando.
mientras no orinabas hasta después del atardecer
porque el orín de una niña judía
delataba a los desdentados gendarmes
acechando la fragilidad de tu memoria.

Ana,
¿me decías que quedaban hombres buenos?
que no te acusaban jamás
mientras te traían lápices, cuadernos y espejismos des-
mayados.

Escúchame de una vez Ana Frank
parece que te bastaba asomarte entre las rendijas de la
ratonera
acomodar tu insomniado pelo
mirar al cielo
ver y no ver botellas azules como peces, marcando el
rumbo de las nubes
despertarte con los silbidos de algún lobo
pero tú, siempre tú
seguías enamorada
porque tus senos crecían como un humo delgado y
suave.

Ana Frank
nunca te leí tan lúcida

Listen to Me Anne Frank

For John

Listen to me Anne Frank,
did you really believe that all men were good?
even though very close by
they were burning the forests
that crackled in the tender pools of your eyes.
Even though you didn't urinate until after dark
because the urine of a Jewish girl
would alert the toothless guards
waiting to ambush your fragile memory.

Anne,
so you kept telling me that there were still good men
that they never denounced you
while they were bringing you pencils, notebooks, and
sickly illusions.

Listen to me for once Anne Frank
it seems it was enough for you to look out between the
bars of your
rattrap
to arrange your sleepless hair
to gaze at the sky
to see and not see bluebottles like fish, marking the di-
rection of the clouds
to wake up at the whistle of some Big Bad Wolf
but you, you were
always enamored
because your breasts were growing delicate and smooth
as smoke.

Anne Frank
I never read you so lucid

con tu cuaderno bajo el brazo desnutrido
con los afiches de Greta Garbo
y entre las palabras
"I still believe that people are really good at heart"
entonces alguien escuchó que hoy habían quemado árboles y judíos
tu decías que:
"I must uphold my ideals for perhaps the time will come when I shall
be able to carry them out."

Ana Frank
nunca te supe tan valiente
cuando la embarcación de necios verdugos
cortó burlonamente tus orejas
jugaron con tus ovarios recién nacidos
juegos de dagas y sangre fermentada
raparon tu cabello
para reírse mejor
sellaron tus ojos huecos.

Pero tu boca no se hizo un desierto en la mudez de los tiranos
y yo pensaba en el desierto de Atacama y una niña sacando
una mano entre los manantiales
y pensaba en Lonquén y en la verguenza de los mentirosos
(Lonquén es un horno como el horno en que murió tu madre
y todos los hermanos, compañeros)

Ana Frank
contéstame desde la tumba descompuesta entre los gusanos
¿en verdad creías en los hombres buenos
mientras te desatabas el cabello, descalza pisabas el aire
y siempre mirabas al cielo?

with your notebook under your undernourished arm
the notebook with the pictures of Greta Garbo
and among the words:
"I still believe that people are really good at heart."
Then someone heard that on that day they had burned trees
and Jews
and you were saying:
"I must uphold my ideals for perhaps the time will come
when I shall
be able to carry them out."

Anne Frank
I never knew you so courageous
when the crew of stupid executioners
slashed your ears as a joke
played games with your newly awakened ovaries
games of daggers and clotted blood
they shaved your head
for greater amusement
sealed up your empty eyes.

But your mouth did not dry up like a desert amid the muteness of the tyrants
(and I was thinking of the desert of Atacama and a little girl
pulling a hand from the waters of a spring)
and I was thinking of Lonquén and of the shamefulness of
the liars
(Lonquen is an oven like the oven where your mother died,
all your brothers and companions)

Anne Frank
answer me from your decayed tomb amid the worms
did you really believe there were good men
even as you loosened your hair, and walked barefoot through
the air, still gazing at the sky?

Amsterdam

Todos vienen a visitar
mi casa
soy Ana Frank
una niña judía que
creía
en los hombres buenos.
Estoy muerta
desde que incendiaron
mi pelo oscuro.
Estoy muerta
desde que me robaron
el diario de mi vida.
Sin embargo,
todos estos visitantes
acuden a mí con frecuencia
y no me ven.
Tampoco a mi mamá
silenciosa,
sometida,
parecida a un pájaro errante
protegiéndome de mis sueños
acarreando muy de madrugada unas cubetas de agua.

Soy Ana Frank
tengo trece años
pero también miles de años.
Tengo el olor a humo y ancianidad
que cubren los rostros del miedo.

Algunos visitantes
dicen que
el rostro no es de
una mujer judía

Amsterdam

Everyone comes to visit
my house
I am Anne Frank
a Jewish girl who
believed
in the goodness of men.
I am dead
since they burned my dark hair
I am dead
since they stole
my diary.
And yet
all these visitors
who frequently call on me
don't see me.
Not even my silent,
submissive
mother,
resembling
an errant bird,
protecting me from my dreams,
lugging buckets of water at the crack of dawn.

I am Anne Frank
I am thirteen years old
but I am also thousands of years old.
I smell of smoke and old age
covering the faces of fear.

Some visitors
say
my face is not that of
a Jewish girl,

pero soy judía
¿Aún no lo sospechan?

En este anexo
derramé un collar de palabras
aprendí a hurtadillas a contemplar el cielo
también con gran dificultad
aprendí a amarrarme los zapatos.

Soy Ana Frank
estoy muerta.
Pero para Uds. viva.
Aún tengo tanto miedo
no puedo con mi cuerpo
aplastado por la
neblina de las infamias
si tan sólo pudiera llegar
a la claridad,
para afirmarme con la luz
de una flor
si tan sólo
pudiera ver el rostro de mi madre.

but I am Jewish.
Is it that they don't even suspect it?

In this annex
I strung out a necklace of words
I learned by stealth to contemplate the sky
also with great difficulty
I learned to tie my shoes.

I am Anne Frank
I am dead.
But for you I am alive.
Even though I am terribly afraid
I can't be with my body
crushed under
the fog thick with infamies.
If only I could have reached
the sunlit clearing
to affirm myself with the light
of a flower,
if only
I could see the face of my mother.

Las Mujeres de los Campos
(Auschwitz)

I

Más allá de los bosques
junto al vacío de la demencia,
junto al agua escuálida,
hay un tiempo
sin brisas.
Hay un olor sin olor;
hay vivos como muertos.
No hay gritos.
No hay gestos.
Ahí llegaron
las mujeres de los campos,
adelgazándose en la
ausencia del
paisaje.

II

Ellas llegaron cuando el día
se hizo como una noche errada
y sin embargo
todas ellas parecían ser
danzarinas trastornadas
tras la noche
clavada de estrellas mudas.

III

Entre las cenizas,
más allá del difunto silencio de las muertes,
reconociéndose

Women of the Fields
(Auschwitz)

I

Beyond the woods
near the emptiness of insanity,
near the squalid water,
there is a time
without breezes.
There is a smell without smell;
there are living as well as dead.
There are no screams.
There are no gestures.
Here is where the
women of the fields arrived,
losing weight in the
absence of
landscape.

II

They arrived when the day
became like a stray night
and yet
all of them seemed to be
mad dancers
under the night
riddled with mute stars.

III

Among the ashes,
beyond the silence of the dead,
they recognized themselves

como si fueran vagones de carne,
entre las sombras,
porque eran todas una misma voz.
Más allá del tiempo a través de los alambres vacíos
y las amapolas imaginarias,
se inclinaron junto al fuego imaginario del amor
reconociéndose, rememorando las costas de Holanda,
la casa de Kafka, Praga florecida, el ruido de las bicicletas
y las mujeres de los campos hicieron una ronda
y fueron fecundas en el habla y
en el canto.
Una de ellas se sintió muy hermosa en la calvicie.
Comenzó a desprenderse de las cenizas,
llegó la bruma,
llegaron las estrellas,
los metales del sol y
el tiempo de la felicidad gratuita.
Las calvas se hablaron,
germinó el cabello,
persiguieron sus nombres.
Ya no eran iguales entre las soledades.
Se reconocieron,
entre el sopor de las lluvias
más allá de las cenizas.
Soñaron con los ríos de aguas blancas
y soñaron con el tiempo del bosque del musgo
y los nombres más allá de las lluvias.

as if they were meat wagons
among the shadows,
because they all had the same voice.
Beyond time through the empty wires
and imaginary poppies,
they crouched beside the imaginary fire of love,
recognizing themselves, recalling the coasts of Holland,
Kafka's house, Prague in bloom, the sound of bicycles
and the women of the fields made a round
and they were fertile in their talk and
in their song.
One of them felt very beautiful in her baldness.
She began to free herself from the ashes,
the fog arrived,
the stars arrived
the metals of the sun and
the time of sheer happiness.
The bald ones spoke to each other,
hair grew,
they chased after their names.
They were no longer equal in their solitude.
They recognized one another
in the stupor of rain
beyond the ashes.
They dreamt of whitewater rivers,
they dreamt of the times in moss-covered forests
and of the names beyond the rains.

Ana Frank

I

Ana Frank y yo
somos amigas
viajeras en las noches
atravesadas, ensombrecidas.
Ella y yo queremos
ser escritoras
o mujeres que escriben.
Ana está muerta,
yo estoy viva,
sin embargo, conversamos.
En la noche inquieta y sollozante
ella viene y
yo me muero junto a ella
en un bosque de cenizas,
donde nada ni nadie crece
cuando la pensé muda entre las cenizas,
yo también morí.

II

Morí
cuando te terminé de leer,
pero crecí y desafié a la ilusión,
Ana,
las alquimias de la bondad,
los sueños precoces de la paz.

III

Sí, Ana, todo esto murió
y supe que eran escasos los

Anne Frank

I

Anne Frank and I
are friends
travelers on bewitched,
dark nights.
She and I want to
be writers
or women who write.
Anne is dead,
I am alive,
however, we talk.
During the restless and sobbing nights
she comes and
I die next to her
in a forest of ashes,
where nothing and no one grows
when I thought of her mute among the ashes,
I also died.

II

I died
when I finished reading you,
Anne,
but I grew up and I defied the illusion,
the alchemies of kindness,
the precocious dreams of peace.

III

Yes, Anne, all of this has died
and I knew that good men

hombres buenos.
Por cierto, mi padre
y mi hermano eran buenos,
pero a ellos también los desconocí,
temí por ellos,
eran demasiado sensatos,
no les gustaba cantar mientras
deshojaban las rosas,
no creían en las clarividentes,
eran hombres, Ana, hombres de la razón y la guerra.

IV

Ana Frank
llevo tanto tiempo queriéndote
buscándote,
pero sabes, cuando les conté a las otras niñas
a tus miles lectoras
me dicen lo mismo Ana.
Tal vez es absolutamente
inexplicable que alguien te ame,
que no se humille ante tu memoria,
con obsesión,
con elegancia,
con humildad.
Ellas te aman Ana,
Muchas de ellas te
llevan en el corazón,
bajo el brazo,
en las miradas de la ilusión.
Yo Ana, como tu soy más que judía,
soy una obsesa
y he comprado todas las ediciones de tu diario
porque sobre todas las cosas,
no debo dejar que ninguna de tus palabras se me escape.

were few.
Incidentally, my father
and my brother were good,
but they, too, I disowned
I feared for them,
they were too sensible,
they did not like to sing while
they cut roses,
they did not believe in clairvoyance,
they were men, Anne, men of reason and of war.

IV

Anne Frank
I have loved you for a long time
looking for you,
but you know, when I tell the other girls
your thousands of readers
they tell me the same things.
Maybe it is absolutely
inexplicable that someone should love you,
that they should not humiliate themselves before your memory,
with obsession,
with elegance,
with humbleness.
They love you, Anne,
many of them carry
you in their hearts,
tucked under their arms,
in their illusory gazes.
I, Anne, like you am more than a Jewish girl,
I am obsessed
and I have bought every edition of your diary
because, above all,
I must not let any of your words escape me.

Ana ¿te gustaban las palabras como ríos o como ciu-
dades
abandonadas?
¿Ana qué hacías tú entre tanto silencios?
Ana querida, Ana,
siempre te escribo cartas
se acumulan en las puertas del cielo,
Ana porque si hay un cielo tú estás allí arriba,
toda vestida de ámbar y violeta,
de musgos y alelíes.
Tu cuaderno ha engordado en el cielo
al igual que tu brazo.
En el cielo tienes un escritorio malva
y los cajones llevan el nombre de las ninas muertas y de
las vivas.
Ana Frank
sé que si te hubiesen dejado ser
habrías cambiado al mundo con tu pluma,
pero sabes, Ana, ya lo has hecho.
Nadie como tú supo del desfiladero asombroso de las
guerras,
nadie supo de las excursiones y las bibliotecas.
Ana, querida Ana,
inclinada sobre la gran casa de Dios
y la casa de las palabras.
Ana Frank
duermo contigo
y abrazo tu vida en el insomnio
y te nombro
y estás viva, Ana
aunque yo me morí
al leerte.

Anne, did words please you like rivers or abandoned
cities?
Anne, what did you do during so many silences?
Anne, dear Anne,
always I write you letters
they accumulate at the gates of Heaven,
because if there is a Heaven you are up there,
all dressed in amber and violet,
draped in moss and flowers.
Your notebook has grown thick in Heaven
as has your arm.
In heaven you have a mauve desk
and the drawers are filed with the names of girls both
dead and
living.
Anne Frank
I know you think that if they had allowed you to be,
you would have changed the world with your pen,
but you know, Anne, you have already done so.
Nobody like you knew the astonishing defilement of
war,
nobody knew about the excursions and the libraries
Anne, dear Anne,
bent over the divine house of God
and the house of words.
Anne Frank
I sleep with you
and hug your life in my sleeplessness
and I name you
and you are alive, Anne,
although I died
while reading you.

University Press of New England

publishes books under its own imprint and is the publisher for Brandeis University Press, Dartmouth College, Middlebury College Press, University of New Hampshire, Tufts University, and Wesleyan University Press.

About the Poet

MARJORIE AGOSÍN is the descendant of European Jews who fled the Holocaust and settled in Chile. She was born in the United States in 1955 of Chilean parents. At the age of three months, her parents returned home to Santiago, Chile, where she lived for the next sixteen years. She has been living in the United States since 1972.

As well as being an untiring acitivist for human rights, Marjorie Agosín is a critically acclaimed, award-winning poet, literary critic, essayist, anthologist, and author of short prose. In 1990 she received the Jeanneta Rankin Award for Achievement in Human Rights, and in 1992 she received the Peabody Award for Best Documentary, based on her books *Scraps of Life: Chilean Arpilleras*. Her numerous volumes of poetry and prose include *Zones of Pain* (White Pine Press, 1989), *Circles of Madness* (White Pine Press, 1992), *Happiness* (White Pine Press, 1993), and *A Cross and a Star: Memoirs of a Jewish Girl in Chile* (University of New Mexico Press, 1995). She has received the Letras de Oro Award for *Noche Estrallada* and the Latino Literature Prize (1995) for *Hacia la Ciudad Espléndido*.

Library of Congress Cataloging-in-Publication Data

Agosín, Marjorie.
Dear Anne Frank : poems / Marjorie Agosín ; translated by Richard Schaaf, with additional poems translated by Cola Franzen and Mónica Bruno.
      p.   cm.
  ISBN 0–87451–857–1 (pbk.)
  1. Agosín, Marjorie—Translations into English.   I. Schaaf, Richard.   II. Title.
PQ8098.1.G6A268   1998
861—dc21   97–40296